James Bennett

Money Machine

I0488277

Schritt-für-Schritt-Anleitung zum Aufbau eines Vermögens

Dieses Buch ist denen gewidmet,

die mehr aus ihrem Leben machen und nicht ihr ganzes Leben lang hart arbeiten wollen.

Danksagung

Zuallererst möchte ich Gott, dem Schöpfer danken, dass ich gesund und in der Lage bin, frei zu denken und meine Gedanken mit anderen zu teilen.

Ich danke Kindle für die Ermöglichung dieses Buches. Denn ohne Kindle wäre es nur ein Traum geblieben und niemals realisiert worden.

Inhalt

EINLEITUNG: JEDER KANN REICH SEIN

Von Geburt an kriegen wir eingetrichtert, dass wir in der Schule lernen, einen guten Abschluss machen und einen guten Job bekommen sollen. Ein guter Job ist, so die Meinung unserer Eltern, sehr wichtig für das weitere Leben. Diesen Job sollen wir bis zum Rentenalter ohne Knurren und Murren bestmöglich ausfüllen. Das ist die allgemeine Vorstellung von Karriere und Prestige.

Als Kleinkinder sehen wir wie unsere Eltern zur Arbeit gehen, Tag für Tag, ohne ein Widerwort. Und doch spüren wir, dass sie keinen Spaß daran haben, nicht ausgefüllt sind und sie finanzielle Engpässe und auch Schwierigkeiten haben über die Runden zu kommen. Auch wenn sie nicht darüber reden. Sie schuften, und dennoch haben sie nicht viel von ihrem Geld. Sie haben nie gelernt, damit umzugehen.

Auch wir sollen arbeiten um unseren Lebensunterhalt zu verdienen und uns von einem Monat zum nächsten zu hangeln. Wir sind auf die monatlichen Zahlungen angewiesen, die wir uns durch körperliche und/oder geistige Arbeit verdienen. Wenn wir dann in Rente kommen, sind wir von der Gesetzgebung und dem jeweiligen Zustand der Rentenkasse abhängig. Wir haben ein Leben lang hart gearbeitet und sind sogar nach unserer Angestelltentätigkeit immer noch abhängig vom Gutdünken anderer. Niemand brachte uns bei, dass es auch anders geht.

Die gute Nachricht ist, wir müssen nicht ein Leben lang arbeiten, sondern können uns viel früher in den wohlverdienten Ruhestand setzen.

Mit dem vorliegenden Buch erhalten Sie eine Schritt-für-Schritt-Anleitung wie man mit viel Willenskraft und wenig Anstrengung ein Vermögen aufbauen und davon leben kann. Natürlich müssen Sie etwas dafür tun. Sie müssen an sich arbeiten und die Vision von einem Leben in Freiheit und ohne Zwänge haben. Das sind die Grundvoraussetzungen zu wahrem Reichtum, ohne die es einfach nicht geht.

Außerdem benötigen Sie Geduld und Durchhaltevermögen. Aber bei solch einem Ziel lohnt es sich diese Eigenschaften mitzubringen.

Also lassen Sie uns beginnen.

Kapitel 1: DIE VORBEREITUNG

Bevor wir anfangen uns auf den Weg zu machen, ein Vermögen aufzubauen, müssen noch ein paar Vorbereitungen getroffen werden: Wir müssen ein wenig an unserer Einstellung zu Geld arbeiten!

Was denken Sie, ist Geld gut oder schlecht? Überlegen Sie bitte kurz, bevor Sie weiter lesen. Haben Sie sich jemals Gedanken darüber gemacht? Legen Sie jetzt bitte das Buch kurz zur Seite und gehen in sich.

Und, zu welchem Ergebnis sind Sie gekommen?

Ich denke, es ist weder gut noch schlecht, doch kann ich mit Geld gute Dinge machen, wie z. B. spenden oder anderen helfen.

Ich muss nicht jeden Job annehmen auch wenn er mir zuwider ist. Geld macht unabhängig und wir können das tun, wozu wir Lust haben, in dem Zeitplan, den wir uns selbst zurechtlegen. Wir müssen nicht zu einer vorgegeben Zeit an einem vorgegebenen Ort sein und eine Aufgabe erledigen, die nur ein Ziel hat: die Bereicherung unseres Chefs.

Wir müssen uns von der Einstellung lösen, dass Geld negativ behaftet ist, auch wenn wir das als Kinder so gelernt haben. Geld ist nur dann negativ behaftet, wenn es mit unlauteren Mitteln oder auf illegale Art und Weise beschafft wird.

Sofern Sie für das Geld arbeiten, ist es gut. Es ist sozusagen die Währung für Ihre Mühen und Ihre Zeit die Sie dafür geopfert haben. Auch und gerade aus diesem Aspekt sollten wir vorsichtiger mit unserem Geld umgehen.

Wenn ich beispielsweise einen Monat lang hart arbeite und mir statt eines einfachen Fernsehers für 500 Euro einen High-Tech-Fernseher für 1.500 Euro kaufe so ist das ein schlechter Deal. Ein Monat Arbeit gegen einen Fernseher, der mir minimale Vorteile gegenüber einem günstigeren Modell bringt.

Wenn ich aber diese Tausend Euro, die ich durch den Kauf des günstigeren Fernsehers zur Seite lege und spare, habe ich mehr davon: Ich habe sowohl einen Fernseher und habe zugleich etwas für meine Altersvorsorge getan.

Jetzt gehen wir noch einen Schritt weiter. Wenn ich dieses Vorgehen auch auf kleinere und selbst auf Kleinstbeträge anwende werde ich mit absoluter Sicherheit meinen Weg zu finanzieller Freiheit gehen. Denn jeder Euro, den ich spare wird mit der Zeit für mich arbeiten und weitere Euros produzieren. Das Geld wird sozusagen für mich arbeiten, so wie ich heute dafür arbeite.

Geld macht nie krank, braucht keinen Urlaub und stellt keine Ansprüche. Es tut das, was Sie ihm sagen.

Lassen Sie die Zeit und das Geld für sich arbeiten und arbeiten Sie nicht für Zeit und Geld.

Kapitel 2: REICHTUM OHNE GELD

Haben Sie sich schon mal gefragt, warum es nur den wenigsten gelingt, richtig reich zu werden? Es gibt sehr viele Beispiele von Leuten, die vorher auch nicht mehr Geld und keinen besseren Job hatten als die meisten von uns. Und heute sind sie Millionäre. Was machen Sie anders, und was haben Sie, das wir nicht haben?

Ganz einfach: Reichtum fängt im Geiste an. Diese Leute haben sich lange bevor sie reich waren immer wieder eingeredet, sie seien reich und haben sich auch reich gefühlt, selbst und gerade dann, wenn eine Unternehmung schiefgelaufen ist und sie total pleite waren. Sie waren zwar pleite, aber nicht arm. Und das ist der Unterschied. Man kann oft pleite gehen und dennoch ist man nicht arm. Man ist erst arm, wenn man sich mit seinem Schicksal abgefunden hat, und nicht vorher.

Eine sehr empfehlenswerte Lektüre ist der Evergreen „Heile deine Gedanken" von James Allen. In diesem vor über 100 Jahren erschienenen Buch greift Allen genau diese Problematik auf. Er sagt: „Jeder kriegt das, was er verdient. Nicht mehr, und nicht weniger."

„Jeder Gedanke, der im Geist gesät wird, wird früher oder später erblühen und seine eigenen Früchte tragen. Gute Gedanken führen zu guten Umständen, schlechte Gedanken führen zu schlechten Umständen."

Wir erschaffen unsere Umwelt also kraft der Gedanken, die wir in uns tragen und damit auch unsere Zukunft. Wie kann ich reich sein, wenn ich tief im Innern davon überzeugt bin, dass ich es nicht verdiene, wohlhabend zu sein oder, dass es mir gut geht?

Erst, wenn wir unser Unterbewusstsein davon überzeugt haben, dass wir es ernst meinen mit unserem Vorhaben und fest daran glauben, wird es zur Realität werden. Dazu nimmt nehmen wir ein Ziel, in unserem Fall, jenes, wohlhabend zu sein, und stellen es uns jeden Abend vor dem Zubettgehen in den verschiedensten Formen und Farben vor. Es muss sich so anfühlen, so schmecken und so riechen, als sei es die blanke Realität. Es muss ein innerer Film in uns ablaufen, der genau unseren Traum mit jedem Detail widerspiegelt. Diesen Traum müssen wir träumen und träumen, wenn möglich sogar noch am Morgen gleich nach dem Wachwerden und ein bis zwei Mal während des Tages. Dazu ziehen wir uns in eine ruhige Ecke zurück und machen es uns bequem. Nun stellen wir uns unseren eigenen Film bildlich vor. Wir sind der Regisseur. Und je genauer wir den Film erstellen umso genauer wird uns das Ergebnis später dann auch zusagen.

Manche mögen das ganze vielleicht als Humbug und esoterischen Quatsch abtun. Aber das sind genau die Leute, die nichts aus ihrem Leben machen. Es ist unzählige Male wissenschaftlich erwiesen, dass das Unterbewusstsein alle Reize und Befehle, die wir und andere ihm eingeben als wahr und gegeben auffasst und alles daran setzt, uns nicht zu enttäuschen. Das Unterbewusstsein entscheidet nicht ob etwas richtig oder falsch ist, es führt einfach das aus, was ihm eingegeben wird.

Wenn wir uns beispielsweise jeden Abend und jeden Morgen einreden, wir würden es zu nichts bringen, was glauben Sie wohl wird dann geschehen? Werden wir glücklich und erfolgreich? Wohl eher nicht. Genau das Gegenteil ist dann der Fall.

Wenn wir uns aber jeden Tag und jeden Abend einreden, wir seien erfolgreich und glücklich, dann wird der Erfolg und das Glück nicht lange auf sich warten lassen.

Das Unterbewusstsein ist mächtig und es wird ständig mit Meinungen und Einstellungen gefüttert. Wenn wir diese Daten bewusst zu seinen Gunsten manipulieren und nur erhabene Gedanken des Erfolgs haben, können wir einfach nicht anders als unser Ziel zu erreichen.

Unser gesamtes Leben wird vom Unterbewusstsein gesteuert. Selbst so banale Dinge wie Atmung, Herzschlag und Wach- und Schlafrythmus. Doch wir können bewusst in diese Maschinerie eingreifen indem wir uns Gedanken des Überflusses und des Wohlstands machen.

Es klingt einfach und es ist auch einfach. Wir müssen nur einmal den Entschluss gefasst haben und dann Durchhaltevermögen an den Tag bringen. Wissenschaftliche Untersuchungen haben ergeben, dass das Unterbewusstsein 21 Tage braucht um eine neue Einstellung zu übernehmen oder eine alte Angewohnheit durch eine neue zu ersetzen. Wichtig ist dabei, dass wir uns jeweils nur ein Hauptziel vornehmen um das Unterbewusstsein nicht zu verwirren. Wenn wir ein Ziel haben und unser Bewusstsein immer wieder bewusst auf die Erreichung dieses Ziels lenken, wird das Unterbewusstsein alles daran setzen, es zu verwirklichen. Es führt alle Vorhaben aus.

Und das ist eine sehr große Chance für uns. Wir haben es in der Hand. Wir müssen nur fest daran glauben und es in die Tat umsetzen. Natürlich gehört auch hier, wie bei allen anderen Dingen im Leben, Geduld dazu. Ohne Geduld sind wir nichts und werden auch nie etwas erreichen. Gut Ding braucht nun mal Weile, wie es der Volksmund so treffend formuliert. Doch da wir ja vorhaben wohlhabend zu sein, ist es selbstredend, dass das nicht von heute auf morgen passiert. Wir werden uns in Geduld üben müssen, also fangen wir gleich an damit.

Geduld kann man leicht trainieren. Wir sagen uns jeden Morgen nach dem Aufstehen: „Heute werde ich geduldig sein, egal was passiert." Irgendwann wird diese Aussage dann so fest in unserer Grundeinstellung verankert sein, dass wir automatisch immer geduldiger werden.

Bereiten wir uns also mental darauf vor reich zu sein. So haben es die anderen gemacht, die mit genau so viel oder genau so wenig wie jeder andere von uns angefangen haben und heute von den Erträgen ihrer Geduld leben können. Und so werden es auch alle anderen machen, die es ihnen gleichtun werden.

Das meine ich mit Reichtum ohne Geld. Wenn man im Herzen reich ist hat man die wichtigste Grundvoraussetzung für den Wohlstand geschaffen.

Kapitel 3: BESTANDSAUFNAHME

Bevor wir starten müssen wir eine Bestandsaufnahme machen. Wo stehen wir heute finanziell gesehen? Wie hoch ist unser Einkommen und wie hoch sind eventuell vorhandene Schulden?

Tragen wir alle Einkünfte zusammen: Unser monatliches Nettogehalt, Kindergeld und sonstige Einkünfte. Wir setzen jetzt einmal ein fiktives Gesamteinkommen von 2.000,- Euro voraus, einschließlich Kindergeld und aller Einkünfte. 2.000,- Euro ist ein durchaus realistisches Einkommen heutzutage. Im Jahre 2014 liegt das durchschnittliche Bruttojahreseinkommen in Deutschland bei 41.000,- Euro. Netto sind das ca. 2.000,- Euro monatlich. Dieses Einkommen haben wir monatlich netto auf unserem Konto. Nun beginnen wir mit unserem Sparplan.

Tagesgeld für den Anfang

Als erstes sollten wir ein Tagesgeldkonto bei einer der vielen Online-Banken eröffnen. Eine gute Website zum Vergleich der verschiedenen Angebote ist www.banktip.de. Hier werden die besten Angebote aufgelistet und man kann auf Wunsch direkt über einen Link zu der gewünschten Bank gelangen und sofort ein Konto eröffnen.

Obwohl die meisten Deutschen immer noch auf das gute alte Sparbuch schwören, ziehen wir das Tagesgeldkonto vor, da es erheblich mehr Zinsen bringt. Beim Sparbuch macht man Verlust, wenn man die Inflation mit berücksichtigt. Bei den meisten Sparbüchern gibt es so ca. 0,25 bis 0,5 Prozent Zinsen, und das ist schon optimistisch angesetzt. Die Inflation beträgt offiziell mindestens 2 bis 3 Prozent. Von den Dunkelziffern wollen wir hier nicht reden. D. h., wenn wir für unser Erspartes 0,5 Prozent Zinsen erhalten und das Geld aber im Gegenzug 2 Prozent an Wert verliert haben wir ein Minusgeschäft gemacht, und das Jahr für Jahr Daher ist es ratsam für den Anfang erst einmal ein Tagesgeldkonto zu eröffnen. Somit wird die Inflation wenigstens einigermaßen aufgefangen und wir stehen bei plus/minus null.

Beim Tagesgeldkonto sollten wir darauf achten, dass unsere Online-Bank die Zinsen monatlich oder zumindest vierteljährlich ausschüttet. Denn so kommen wir in den Genuss des Zinseszinseffektes. In diesem Video wird dieser Effket recht gut erklärt: www.youtube.com/watch?v=Om6PgyhE35o

Die Volkswagenbank (www.volkswagenbank.de) bietet beispielsweise mit dem online.pur-Konto ein solches Konto, auf welchem das Guthaben monatlich verzinst wird. Hier haben wir auch den Vorteil, dass wir beliebig viele Unterkonten innerhalb des Tagesgeldkontos anlegen können, ohne uns erneut legitimieren zu müssen. Das geschieht einfach online. Denn wir brauchen ein normales Girokonto für den täglichen Zahlungsverkehr und ein Tagesgeldkonto mit zwei Unterkonten oder aber zwei Tagesgeldkonten. Eines für den langfristigen Vermögensaufbau (dieses Konto sollten wir in zwei Unterkonten unterteilen, eines für das fest Vermögen und eines für die Investitionen) und eines für den mittelfristigen Sicherheitspuffer.

Kapitel 4: Der Sparplan

Wir teilen unser Einkommen in fünf verschiedene Konten oder Kategorien auf. Die erste Kategorie ist dabei:

1 Fixkosten:

Fixkosten sind alle wiederkehrenden Kosten. Dazu gehören Miete, Nebenkosten, Strom, Kosten für Internet und Telefon und die Kontoführungsgebühren für das Girokonto.

2 Haushaltsgeld:

Vom Haushaltsgeld werden Lebensmittel, Kleidung und andere Dinge für den täglichen Bedarf gekauft.

3 Familiäre Ausgaben:

Das Konto für familiäre Ausgaben ist ein kurzfristiges Sparkonto. Auf diesem Konto sparen wir Geld für den Notfall an. Aus diesem Konto werden der Urlaub, Kfz-Versicherung und Kfz-Steuer und andere unerwartete Rechnungen bezahlt.

4 Spenden:

Spenden ist sehr wichtig. Damit zeigen wir, dass wir im Überfluss leben und tun gleichzeitig etwas gutes. Es gibt viele Gelegenheiten und sehr, sehr viele Menschen, denen es leider nicht so gut geht wie uns. Lassen Sie uns diesen Menschen helfen indem wir geben.

5 Allgemeines Vermögen:

Als allgemeines Vermögen bezeichne ich den Betrag, der angespart wird und nie, aber auch wirklich nie ausgegeben wird. Auf dieses Geld erhalten wir zunächst Zinsen und später Dividenden. Wie das geht, werde ich in einem späteren Kapitel erläutern. Es ist sehr einfach und auch sehr effektiv.

Dieses Konto bildet die Grundlage für unseren Vermögensaufbau, daher ist es auch das wichtigste für unser Ziel.

Kennen Sie die Geschichte von der Gans, die goldene Eier legte?

"Es war einmal ein armer Bauer. Eines Tages fand er im Nest seiner Lieblingsgans ein schweres, gelb glänzendes Ei. Erst dachte er, man hätte ihm einen Streich gespielt. Als er es dann doch schätzen ließ, stellte sich heraus, dass das Ei aus reinem Gold war! Der Bauer konnte sein Glück kaum fassen. Tag für Tag legte die Gans ihm ein neues, goldenes Ei. Der Bauer verkaufte die goldenen Eier und wurde schnell sehr reich. Dabei wurde er immer gieriger und ungeduldiger. Schließlich beschloss er, die Gans zu schlachten, um sofort an alle Eier auf einmal heranzukommen. Als er die Gans geschlachtet hatte, war der Bauch leer. Jetzt hatte der Bauer eine tote Gans, die keine goldenen Eier mehr legen konnte."

Daher sollten wir anders mit unserem Vermögen umgehen, wenn es wachsen soll. Unser Vermögen ist die Gans und wir dürfen diese Gans unter keinen Umständen schlachten.

Aufteilung unseres Einkommens

In der untenstehenden Tabelle sehen Sie die Aufteilung unseres Einkommens in diese fünf Kategorien.

Wenn wir in irgendeiner dieser Kategorien einmal etwas über haben, so legen wir es immer zum allgemeinen Vermögen hinzu, denn dieses wollen wir ja stetig vergrößern.

Einkommen: 2.000,- Euro

Fixkosten[1]	40,00%	800,00 €
Haushaltsgeld[2]	20,00%	400,00 €
Familiäre Ausgaben[3]	10,00%	200,00 €
Spenden	5,00%	100,00 €
Allgemeines Vermögen	25,00%	500,00 €

Zusätzliche Erläuterung der Tabelle:

[1] 800 € für Fixkosten sind mehr als ausreichend.

[2] Das Haushaltsgeld in Höhe von 400 € deckt auch alle notwendigen Ausgaben ab.

[3] Und die 200 € für familiäre Ausgaben ergeben auf das Jahr gerechnet 2.400 €. Davon kann man locker unerwartete Rechnungen begleichen.

500 € legen wir zur Seite für den langfristigen Vermögensaufbau.

Alle Sonderzahlungen, die wir erhalten, sei es geschenktes Geld zum Geburtstag, Weihnachtsgeld, Urlaubsgeld oder was auch immer, wird genauso behandelt und prozentual unter diesen Kategorien aufgeteilt. Wobei wir in diesen Fällen die 40% Fixkosten zum allgemeinen Vermögen hinzurechnen, da die Fixkosten ja ohnehin von den monatlichen Einkünften abgedeckt werden. Somit legen wir stattliche 65% der Sonderzahlungen für den langfristigen Vermögensaufbau zur Seite. Auf diese Art können wir sowohl sparen und haben gleichzeitig mehr Geld in der Tasche um uns etwas besonderes zu gönnen. Denn das darf ja auch nicht zu kurz kommen. Wir müssen uns auch ab und zu mal für unsere Disziplin belohnen, damit wir auch ja weitermachen mit unserem Plan und Spaß daran haben. Denn ohne Spaß geht es nicht. Man darf das ganze nicht allzu ernst sehen, sonst ist man zu verkrampft und läuft Gefahr, erst recht nicht durchzuhalten.

Kapitel 5: Der Anfang

Jeden Monat werden die Miete, die Stromkosten, die Telefongebühren, Versicherungen und alle Möglichen sonstigen Gebühren vom Konto abgebucht. Würde es Ihnen in den Sinn kommen, diese Rechnungen nicht zu bezahlen? Natürlich nicht. Doch was ist mit uns? Wieso bezahlen wir alle anderen, nur nicht uns? So wie wir alle anderen bezahlen, machen wir es uns ab jetzt zur Gewohnheit, uns selbst zu bezahlen, und zwar VOR den anderen. Die erste Zahlung, die wir allmonatlich ausführen ist die Sparrate von mindestens 25%, die wir auf unser Tagesgeldkonto überweisen. Wenn das Einkommen immer gleich ist, können wir einen Dauerauftrag einrichten, dann können wir es auch nicht „vergessen". Warum sollten andere vor uns bezahlt werden?

Eröffnen Sie gleich heute ein Tagesgeldkonto und zahlen Sie meinetwegen symbolisch einen Euro auf dieses Konto ein. Am Monatsende, wenn die nächste Gehaltszahlung kommt, überweisen Sie die erste Rate für Ihren Vermögensaufbau.

Es ist ein schönes Gefühl, zuzusehen, wie der Kontostand langsam aber sicher und stetig steigt. Erst ist der Kontostand 3stelig, dann 4stellig und so weiter.

Kapitel 6: Schulden abbauen

Sollten Sie zu den glücklichen Menschen gehören, die keine Schulden haben, Glückwunsch, dann können Sie dieses Kapitel überspringen. Ansonsten werde ich Ihnen jetzt zeigen, wie die Schulden am besten abgebaut werden.

Es ist zwar schön, wenn man auf vieles verzichtet und seine Schulden schnellstmöglich tilgt, jedoch ist das nicht unser Ziel. Abgesehen von den vielen Dingen, auf die wir während dieser Zeit verzichten müssten, hat diese Vorgehensweise noch den Nachteil, dass wir wahrscheinlich nichts zu Seite legen könnten und das ist unserem Plan nicht förderlich und uns fehlen wichtige Monate oder gar Jahre. Daher handeln wir bei unseren Gläubigern die kleinstmögliche Rate aus, bestenfalls zusammengenommen auf alle Raten höchstens 10% unserer monatlichen Einkünfte, besser sogar nur 5%.

Diese Vorgehensweise hat gleich drei Vorteile. Zum einen ist auf diese Weise der Verzicht, den wir uns auferlegen, nicht so groß, zum zweiten werden die Schulden, wenn auch langsamer und mit mehr Zinsen, zurückgezahlt. Drittens, und das ist der wichtigste Punkt, wir fangen sofort an zu sparen und uns ein Vermögen aufzubauen.

Kapitel 7: Das Einkommen erhöhen

Nun ist es an der Zeit, unser Einkommen und damit die monatlichen Sparbeträge zu erhöhen. Hierzu stehen uns mehrere Möglichkeiten zur Verfügung. Wenn wir selbstständig sind können wir beispielsweise versuchen mehr Aufträge bzw. profitablere Aufträge an Land zu ziehen. Zudem können wir schauen, wo wir die Ausgaben senken und weitere Einsparungen erzielen können. Hierzu gibt es hinreichend Tipps und Tricks im Internet, wie beispielsweise

diese Website:

http://www.orgenda.de/abo/pdf.asp?p=/abo/archiv/sib/2009/06_kosten_senken
/99-3c1b37bbc2818d97142f30ca10b10962.pdf

Als Arbeitnehmer sollten wir uns jetzt um eine Gehaltserhöhung bemühen. Hierzu gibt es ebenfalls recht viele gute Seiten im Internet, wie zum Beispiel:

http://www.pageballs.com/lohnerhoehung-5-erprobte-taktiken

oder

http://www.sueddeutsche.de/thema/Gehaltsverhandlung

Kapitel 8: Es kann losgehen

Nachdem wir jetzt unseren Sparplan aufgestellt, den Dauerauftrag eingerichtet und bestenfalls unser Einkommen erhöht haben gehen wir ans Feintuning.

Das Konto „Allgemeines Vermögen" teilen wir in zwei Konten auf. Gehen wir davon aus, dass Sie jetzt 35 Jahre alt sind. In diesem Fall packen wir 35% des allgemeinen Vermögens auf das Konto „Festes Vermögen" und 65% auf das Konto „Investitionen". Wir sichern 100% minus Alter und lassen es auf dem sicheren Tagesgeldkonto. Den Rest werden wir investieren. Doch auch hier gilt die oberste Maxime, dass das Risiko nicht allzu hoch sein sollte, die Investition dennoch eine ordentliche Rendite abwirft. Und solange wir noch nicht genug Geld zum investieren zusammen haben, sparen wir dieses auf dem Unterkonto „Investitionen" zusammen und erhalten dafür ebenfalls Zinsen.

Wie Sie sich denken können, werden wir mit einem Tagesgeldkonto nicht allzu reich. Daher werden wir einen Teil des Vermögens in Aktien investieren. Aber keine Angst. Wir werden nicht zocken sondern in grundsolide und gesunde Unternehmen investieren. An der Börse kommt man leider nicht vorbei, wenn man richtig reich werden will. Es sei denn, man besitzt selbst eine profitable Firma, die hohe Gewinne abwirft.

In der Investmentbranche gilt der Grundsatz, dass das angelegte Geld möglichst breit „gestreut" wird, d. h., dass man in möglichst viele Branchen und möglichst in viele verschiedene Länder investiert. Das hat den Vorteil, dass, wenn mal eine Branche schlechter läuft, oder es in einem Land eine Wirtschaftskrise gibt, man mit den anderen Anlageformen noch Gewinn macht und nicht alles auf ein Karte setzt. Diesem Grundsatz wollen auch wir in leicht abgewandelter Form folgen.

Kapitel 9: Wir vermehren unser Geld

Einer der bekanntesten Investoren und reichsten Männer der Welt ist der US-Amerikaner Warren Buffet. Ich möchte dieses Kapiteln mit einigen Zitaten von ihm beginnen. Eine seiner vielen Weisheiten lautet: "Wenn jemand gute Aktien hat, wäre er verrückt, wenn er nur wegen eines Kursrückschlags verkaufen würde. Ich suche Unternehmen, die ich verstehe und von deren Zukunftsaussichten überzeugt bin." Buffet kauft nur Aktien, von Unternehmen, die er kennt und versteht: "Investiere nur in eine Aktie, deren Geschäft du auch verstehst."

Auch dieser Satz stammt von ihm:

"Konzentrieren Sie Ihre Investments. Wenn Sie über einen Harem mit vierzig Frauen verfügen, lernen Sie keine richtig kennen."

Daher wird es besser sein, wenn wir nicht zu viele verschiedene Aktien kaufen.

Bei all unseren Unternehmungen werden wir diese Regel von Buffet beherzigen:

"Regel eins lautet: Nie Geld verlieren. Regel zwei lautet: Vergesse nie die Regel Nummer eins."

Meine absolute Lieblingsweisheit von ihm lautet: "Man sollte nur in Firmen investieren, die auch ein absoluter Vollidiot leiten kann, denn eines Tages wird genau das passieren!"

"Eine Aktie, die man nicht 10 Jahre zu halten bereit ist, darf man auch nicht 10 Minuten besitzen."

"Die meisten Leute interessieren sich für Aktien, wenn alle anderen es tun. Die beste Zeit ist aber, wenn sich niemand für Aktien interessiert."

"Die Frage, wie man reich wird, ist leicht zu beantworten. Kaufe einen Dollar, aber bezahle nicht mehr als 50 Cent dafür."

"Die Zukunft ist niemals klar: Schon für ein bisschen Gewissheit muss man einen hohen Preis zahlen. Unsicherheit ist deshalb der Freund von Langfrist-Investoren."

"Es ist besser ungefähr recht zu haben, als sich tödlich zu irren."

"Ich versuche nie, mit Aktien Geld zu verdienen. Ich kaufe in der Überzeugung, dass die Börse am nächsten Tag auch für fünf Jahre schließen könnte."

"Investieren ist kein Spiel, in dem derjenige mit einem IQ von 160 diejenigen mit einem IQ von 130 schlägt. Vernunft ist wesentlich."

"Kaufen sie billig, verkaufen sie nie!"

Warren Buffett ist so erfolgreich, weil er fünf einfache aber äußerst effektive Grundregeln des Investieren beherzigt:

Regel 1: Sich gut informieren

Bei Aktien sollte man sich immer auf die Website des Unternehmens begeben und die „Investor Relations" studieren. So erhält man einen Überblick über die Chancen der Aktie. Außerdem sollte man so viel wie möglich über diese Firma lesen. Warren Buffet z. B. verbringt die Hälfte des Tages mit Lesen.

Regel 2: Nicht mit der Masse schwimmen

Man sollte eine Aktie dann kaufen, wenn keiner sich für sie interessiert. Beliebte Aktien sollte man meiden.

Regel 3: Geduld haben

Es werden nur Aktien gekauft, von denen man überzeugt ist und die man mindestens 10 Jahre bereit ist zu halten.

Regel 4: Ordnung im Depot

Das Depot sollte niemals bunt gemischt sein. Die Anlagen sollten sich vielmehr gegenseitig ergänzen und das Risiko so klein wie möglich halten. Auch sollten es nicht zu viele verschiedene Aktien sein.

Regel 5: Nur kaufen, was Sie auch verstehen

Man sollte eine Aktie nur dann kaufen, wenn man versteht, womit die Firma Ihr Geld verdient und wie die Zukunftsaussichten stehen.

Buffet verfolgt bei seinen Investitionen den sogenannten Value-Ansatz, d. h., es werden nur „wertvolle" Aktien erworben. Es werden Aktien gesucht, die fundamental stark sind und einen günstigen Kurs haben und somit unterbewertet sind. Ein Vorreiter dieser Strategie ist auch Benjamin Graham. Für den Fall, dass Sie tiefer in diese Materie einsteigen möchten, sind seine Bücher „Wertpapieranalyse: Das Standardwerk des modernen Investierens: Überlegenes Wissen für Ihre Anlageentscheidung„ und „Intelligent Investieren: Der Bestseller über die richtige Anlagstrategie" zu empfehlen.

Eine Aktie die fundamental sehr stark ist und weitestgehend unterschätzt wird ist die McDonalds-Aktie (US5801351017). Hier lohnt sich ein genauer Blick. Zwar weigere ich mich, hier konkrete Anlageempfehlungen auszusprechen. Doch ist dies ein gutes Beispiel, wie ein gutes und gesundes Unternehmen aussehen sollte. Das Geschäftsmodell ist einfach und die Menschen müssen immer essen.

Ein zweite erwähnenswerte Aktie wäre in diesem Zusammenhang Realty Income (US7561091049) (http://www.realtyincome.com/). Dieses Unternehmen verdient sein Geld mit Immobilien und hat es geschafft 524 Dividenden an die Anteilseigner auszuzahlen und die Dividenden 75 mal zu erhöhen, 66 mal davon aufeinanderfolgend. Die durchschnittliche Dividendenrendite beträgt stolze 7,3% im Schnitt seit 1994 (per 31.12.2013).

Es gibt viele weitere solcher Unternehmen, bei denen sich ein genauerer Blick lohnt. Doch diese zwei sollen uns für den Anfang erst einmal reichen.

KAPITEL 10

Die Zeit danach: Abwarten und Teetrinken

Nachdem wir unsere Aktien gekauft haben warten wir. Wir wollen Sie nicht verkaufen, auch wenn Sie beachtlich angestiegen sein sollten. Unser Ziel ist es die regelmäßigen Renditen einzufahren und auch diese jedes mal wieder zu reinvestieren, damit unsere Gans langsam aber sicher und stetig wächst und wächst.

Wir machen weiter wie bisher und legen soviel wir können, mindestens jedoch 10% bis 25% unseres monatlichen Einkommens zur Seite. Dieses Geld behandeln wir wie weiter oben beschrieben. Um bei unserem Beispiel zu bleiben, packen wir davon 35% auf das Konto Allgemeines Vermögen und 65% investieren wir in unsere Aktien, das heißt, wir kaufen ständig Aktien nach. Dabei spielt es keine Rolle, ob sie gerade steigen oder fallen. Sobald wir wieder genug Geld haben, kaufen wir.

Auf dem Tagesgeldkonto "Allgemeines Vermögen" haben wir zwei Konten angelegt, das erste für das feste Vermögen und das zweite für das Ansparen des zu investierenden Geldes. Ich nenne es Depot-Konto, obwohl das Depot-Konto eigentlich das Konto bei der Depot-Bank ist, wo wir unsere Aktien kaufen.

Ich verrate Ihnen jetzt, wie wir wissen, wann und wie viel wir jeweils investieren: Wir kaufen jeweils für 10% unseres Ersparten Aktien. Dazu rechnen wir das gesamte Vermögen zusammen: Festes Vermögen + Investitionskonto + Aktienbestand. Der Einfachheit halber setzen wir beim Aktienbestand den investierten Betrag zugrunde, da der Wert der Aktien ja stetig schwankt. Sagen wir, wir haben insgesamt EUR 10.000 angespart und davon EUR 3.500 als allgemeines Vermögen und EUR 6.500 auf unserem Depot-Konto (Investitionskonto). Dann kaufen wir für EUR 1.000,- Aktien. Nun haben wir EUR 3.500 als allgemeines Vermögen, EUR 5.500 auf unserem Depot-Konto und EUR 1.000 in Aktien. Nun könnten wir also wieder für EUR 1.000 oder mehr Aktien kaufen, solange, bis das Geld für unser Depot-Konto aufgebraucht ist. Wenn wir dann 11.000 EUR haben kaufen wir für EUR 1.100 Aktien usw. Unser Ziel sollte sein, immer für mindestens EUR 500,- oder besser später für EUR 1.000 oder 2.000 Aktien nachzukaufen.

Eine gute Depot-Bank ist Flatex (www.flatex.de). Bei diesem Konto gibt es zwar keine Zinsen auf das Ersparte, aber dafür sind die Gebühren günstig und überschaubar. Eine Xetra-Transaktion kostet z. B. EUR 5,- Flat. Die meistern anderen Banken velangen hierfür locker mal 10, 15 oder mehr EUR plus einen prozentualen Aufschlag.

Zum Schluss noch ein paar hilfreiche Internetseiten für die Aktienanalyse:

www.onvista.de

www.ariva.de

Beide Seiten eigen sich sehr gut sowohl für eine charttechnische- als auch für eine Fundamentalanalyse von Wertpapieren. Ariva bietet zusätzlich Foren, in denen rege diskutiert wird.

Nachwort

Wenn wir uns stets an diesen Plan halten werden wir mit Sicherheit früher oder später reich werden. Wichtig ist, dass wir sofort anfangen und immer so viel wie nur möglich zur Seite legen und später investieren. Anfangs reinvestieren wir jeden Gewinn, den wir erwirtschaften. Die Dividenden und die Zinsen, die wir mit dem „Depot-Konto"bzw. "Investitionskonto" erwirtschaften teilen wir genau so, wie unsere Sparraten auf, d. h., um bei unserem Beispiel zu bleiben, überweisen wir davon 35% auf das Konto festes Vermögen und 65% reinvestieren wir. Damit sichern wir einen Teil unseres Gewinns. Je älter wir werden, umso mehr des Gewinns sichern wir.

So, nun haben Sie das Rüstzeug und Ihrem Vermögensaufbau steht nichts mehr im Wege. Achten Sie drauf, dass Sie sich selbst nicht im Wege stehen. Denn wie ein altes Sprichwort sinngemäß besagt: „Der schwierigste Kampf ist der Kampf gegen sich selbst."

Wenn Sie wirklich vorhaben Ihren Traum vom Reichtum zu verwirklichen, dann fangen Sie jetzt an. Sie haben es in der Hand. Ich wünsche Ihnen viel Glück auf Ihrem Weg.

Ihr James Bennett

Gibt es eine Möglichkeit dem Hamsterrad der täglichen Arbeit und des Geldverdienens zu entliehen und Wohlstand anzuhäufen? Die gute Nachricht: Es gibt ihn, und er ist wesentlich leichter als die meisten von uns denken. Mit diesem Buch erhalten Sie eine Schritt-für-Schritt-Anleitung mit deren Hilfe Sie es schaffen werden.

www.ingramcontent.com/pod-product-compliance
Lightning Source LLC
Chambersburg PA
CBHW071605170526
45166CB00004B/1801